ACTES
DE LA RÉVOLUTION.

RÉSISTANCE.
Louis Blanc et Pierrre Leroux.

PRÉCÉDÉ DE

QU'EST-CE QUE LE GOUVERNEMENT?
Qu'est-ce que Dieu?

PAR LE CITOYEN P.-J. PROUDHON.

Prix : 15 centimes.

EN VENTE :

Au bureau de la *Voix du Peuple.*
A la Propagande Socialiste, rue des Bons-Enfans, 1.
Chez GARNIER, libraire, au Palais-National.
Et chez tous les dépositaires de la
Voix du Peuple.

QU'EST-CE QUE LE GOUVERNEMENT?

Qu'est-ce que Dieu?

QU'EST-CE QUE LE GOUVERNEMENT?

u'est-ce que Dieu?

(Programme de la *Voix du Peuple*.)

Qu'est-ce que le Gouvernement? Quel est son principe, son objet, son droit? — Telle est incontestablement la première question que se pose l'homme politique.

Or, à cette question en apparence si simple, et dont la solution semble si facile, il se trouve que la foi seule peut répondre. La philosophie est aussi incapable de démontrer le Gouvernement que de prouver Dieu. L'Autorité, comme la Divinité, n'est point matière de savoir ; c'est, je le répète, matière de foi.

Cet aperçu, si paradoxal au premier coup d'œil, et pourtant si vrai, mérite quelques développemens. Nous allons essayer, sans aucun appareil scientifique, de nous faire comprendre.

Le principal attribut, le trait signalétique de notre espèce, après la PENSÉE, est de *croire*, et, avant toutes choses, de croire en Dieu. Parmi es philosophes, les uns voient dans cette foi à

1849

un Etre supérieur, une prérogative de l'humanité ; d'autres n'y découvrent que sa faiblesse.
Quoi qu'il en soit du mérite ou du démérite de
la croyance à l'existence de Dieu, il est certain
ue le début de toute spéculation métaphysique est un acte d'adoration du *Créateur* : c'est
ce que l'histoire de l'esprit humain, chez tous
les Peuples, constate universellement.

Mais qu'est-ce que Dieu? Voilà ce que demandent aussitôt, et d'un mouvement invin-
cible, le croyant et le philosophe. Et, comme
corollaire de cette première interrogation, ils
se posent immédiatement celle-ci : Quelle est,
de toutes les religions, la meilleure? En effet,
s'il existe un Etre supérieur à l'Humanité, il
doit exister aussi un système de rapports entre
cet Etre et l'Humanité : quel est donc ce système? La recherche de la meilleure religion est
le second pas que fait l'esprit humain dans
la Raison et dans la Foi.

A cette double question, pas de réponse possible. La définition de la Divinité échappe à
l'intelligence. L'Humanité a été tour à tour fé-
tichiste, idolâtre, chrétienne et bouddhiste,
juive et mahométane, déiste et panthéiste : elle
a adoré tour à tour les plantes, les animaux,
les astres, le ciel, l'âme du monde, et, finalement, elle-même : elle a erré de superstition
en superstition, sans pouvoir saisir l'objet de sa
croyance, sans parvenir à déterminer son Dieu.
Le problème de l'essence et des attributs de
Dieu et du culte qui lui convient, comme un
piége tendu à son ignorance, tourmente l'Humanité dès sa naissance. Les Peuples se sont
égorgés pour leurs idoles, la société s'est épui-

sée à l'élaboration de ses croyances, sans que la solution ait avancé d'un pas.

Le déiste, le panthéiste, comme le chrétien et l'idolâtre, est réduit à la foi pure. On dirait même, et c'est le seul progrès que nous ayons fait dans cette étude, qu'il répugne à la raison de connaître et de savoir Dieu : il ne nous est donné que d'y croire. Et c'est pour cela qu'à toutes les époques, et sous toutes les religions, il s'est rencontré un petit nombre d'hommes, plus hardis en apparence que les autres, qui, ne comprenant pas Dieu, ont pris le parti de le nier : on leur a donné le nom d'*esprits forts* ou d'*athées*.

Mais il est évident que l'athéisme est encore moins logique que la foi. Le fait primitif, irréfragable, de la croyance spontanée à l'Etre suprême subsistant toujours, et le problème que ce fait implique se posant invinciblement, l'athéisme ne pouvait être accepté comme solution. Bien loin qu'il témoignât de la force de l'esprit, il ne prouvait que son désespoir. Aussi en est-il de l'athéisme comme du suicide : il n'a été embrassé que par le très petit nombre. Le Peuple l'a eu toujours en horreur.

Les choses étaient ainsi. L'humanité semblait placée éternellement entre une question insoluble et une négation impossible, lorsque, sur la fin du dernier siècle, un philosophe, Kant, aussi remarquable par sa profonde piété, que par l'incomparable puissance de sa raison, s'avisa d'attaquer le problème théologique d'une façon toute nouvelle.

Il ne se demanda plus, comme tout le monde avait fait avant lui : Qu'est-ce que Dieu ? et quelle est la vraie religion ? D'une question de *fait* il fit une question de *forme*, et il se dit : D'où vient que je crois en Dieu? Comment, en vertu de quoi se produit dans mon esprit cette dée? Quel en est le point de départ et le déveiloppement? Quelles sont ses transformations, et, au besoin, sa décroissance? Comment, enfin, est-ce que, dans l'âme religieuse, les choses se passent ?

Tel fut le plan d'études que se proposa, sur Dieu et la Religion, le philosophe de Kœnigsberg. Renonçant à poursuivre davantage le contenu, ou la réalité de l'idée de Dieu, il se mit à faire, si j'ose ainsi dire, la biographie de cette idée. Au lieu de prendre, comme un anachorète, pour objet de ses méditations, Dieu en soi, il analysa la foi en Dieu, telle que la lui offrait une période religieuse de six mille ans. En un mot, il considéra dans la religion, non plus une révélation externe et surnaturelle de l'Etre infini, mais un phénomène de notre entendement.

Dès ce moment le charme fut rompu : le mystère de la religion fut révélé à la philosophie. Ce que nous cherchons et que nous voyons en Dieu, comme parlait Malebranche, ce n'est point cet être, ou pour parler plus juste, cette entité chimérique, que notre imagination agrandit sans cesse, et qui, par cela même que d'après la notion que s'en fait l'esprit, doit être tout, ne peut dans la réalité être rien : c'est notre propre idéal, c'est l'Humanité.

Ce que le théologien poursuit, à son insu, dans le dogme qu'il enseigne, ce ne sont pas les mystères de l'infini : ce sont les lois de notre liberté collective et individuelle. L'âme humaine ne s'aperçoit point d'abord par la contemplation réfléchie de son moi, ainsi que l'entendent les psycologues : elle s'aperçoit hors d'elle-même, comme si elle était un être différent placé vis-à-vis d'elle : c'est cette image qu'elle appelle Dieu.

Ainsi, la morale, la justice, l'ordre, les lois, ne sont plus choses révélées d'en haut, imposées à notre libre arbitre par un soi-disant créateur, inconnu, inintelligible ; ce sont choses qui nous sont propres et essentielles comme nos facultés et nos organes, comme notre chair et notre sang. En deux mots : Religion et Société sont termes synonymes ; l'Homme est sacré pour lui-même comme s'il était Dieu. Le Catholicisme et le Socialisme, identiques pour le fond, ne diffèrent que par la forme : ainsi s'expliquent à la fois, et le fait primitif de la croyance en Dieu, et le progrès irrécusable des religions.

Or, ce que Kant a fait il y a près de soixante ans pour la Religion ; ce qu'il avait fait auparavant pour la Certitude ; ce que d'autres avant lui avaient essayé pour le Bonheur ou le Souverain Bien, la *Voix du Peuple* se propose de l'entreprendre pour le Gouvernement.

Après la croyance à Dieu, celle qui occupe le plus de place dans la pensée générale, est la croyance à l'Autorité. Partout où il existe des hommes groupés en société, on retrouve avec le rudiment d'une religion, le rudiment d'un pouvoir, l'embryon d'un gouvernement. Ce fait est aussi primitif, aussi universel, aussi irrécusable que celui des religions.

Mais qu'est-ce que le Pouvoir, et quelle est la

meilleure forme de Gouvernement? car il est
clair que si nous parvenions à connaître l'essence et les attributs du pouvoir, nous saurions
du même coup quelle est la meilleure forme à
lui donner, quelle est, de toutes les constitutions,
la plus parfaite. Nous aurions de la sorte résolu
l'un des deux grands problèmes posés par la
Révolution de Février : nous aurions résolu le
problème politique, principe, moyen ou but,—
nous ne préjugeons rien, — de la réforme économique.

Eh bien ! sur le Gouvernement comme sur la
Religion, la controverse dure depuis l'origine des
sociétés, et avec aussi peu de succès. Autant de
gouvernemens que de religions, autant de théories politiques que de systèmes de philosophie :
c'est-à-dire, pas de solution. Plus de deux mille
ans avant Montesquieu et Machiavel, Aristote,
recueillant les définitions diverses du gouvernement, le distinguait suivant ses formes : pa-
triarchies, démocraties, oligarchies, aristocra-
ties, monarchies absolues, monarchies consti-
tutionnelles, théocraties, républiques fédérati-
ves, etc. Il déclarait, en un mot, le problème
insoluble. Aristote, en matière de gouvernement, comme en matière de religion, était scep-
tique. Il n'avait de foi ni en Dieu ni à l'Etat.

Et nous qui, en soixante années, avons usé
sept ou huit espèces de gouvernemens; qui, à
peine entrés en République, sommes déjà las de
notre Constitution; nous, pour qui l'exercice du
pouvoir n'a été, depuis la conquête des Gaules
par Jules César jusqu'au ministère des frères
Barrot, que la pratique de l'oppression et de
l'arbitraire ; nous enfin qui assistons en ce mo-

ment aux saturnales des gouvernemens de l'Europe, avons-nous donc plus de foi qu'Aristote?
N'est-il pas temps que nous sortions de cette malheureuse ornière, et qu'au lieu de nous épuiser davantage à la recherche du meilleur gouvernement, de la meilleure organisation à faire de l'idée politique, nous posions la question, non plus sur la réalité, mais sur la légitimité de cette idée?

Pourquoi croyons-nous au Gouvernement? D'où vient, dans la société humaine, cette idée d'Autorité, de Pouvoir; cette fiction d'une Personne supérieure, appelée l'Etat?

Comment se produit cette fiction? Comment est-ce qu'elle se développe? Quelle est sa loi d'évolution, son économie?

N'en serait-il point du Gouvernement comme de Dieu et de l'Absolu, qui ont si longtemps et si infructueusement occupé les philosophes? Ne serait-ce pas encore une des conceptions primogènes de notre entendement, auxquelles nous donnons à tort le nom d'idées, et qui, sans réalité, sans réalisation possible, n'expriment qu'un indéfini, n'ont d'essence que l'arbitraire?

Et puisque, relativement à Dieu et à la Religion, l'on a trouvé déjà, par l'analyse philosophique, que, sous l'allégorie de ses mythes religieux, l'Humanité ne poursuit autre chose que son propre idéal, ne pourrions-nous chercher encore ce qu'elle veut sous l'allégorie de ses mythes politiques? Car enfin, les institutions politiques, si différentes, si contradictoires, n'existent ni par elles-mêmes, ni pour elles-mêmes; ainsi que les cultes, elles ne sont point essentielles à la société, ce sont des formules ou combinaisons hypothétiques, au moyen desquelles la civilisation se maintient dans une apparence d'ordre, ou pour mieux dire, cherche l'ordre. Quel est donc, encore une fois, le sens caché de ces institutions, le but réel où vient s'évanouir le concept politique, la notion du gouvernement?

En deux mots, au lieu de voir dans le gouvernement, avec les absolutistes, l'organe et l'expression de la société ; avec les doctrinaires, un instrument d'ordre, ou plutôt de police ; avec les radicaux, un moyen de Révolution, essayons d'y voir simplement un phénomène de la vie collective, la représentation externe de notre droit, l'éducation de quelqu'une de nos facultés. Qui sait si nous ne dévouvrirons point alors que toutes ces formules gouvernementales, pour lesquelles les Peuples et les citoyens s'entre-égorgent depuis soixante siècles, ne sont qu'une fantasmagorie de notre esprit, que le premier devoir d'une raison libre est de renvoyer aux musées et aux bibliothèques?

Telle est la question posée et résolue dans les *Confessions d'un Révolutionnaire*, et dont la *Voix du Peuple* se propose, à l'aide des faits que lui fournissent et le pouvoir et les partis qui se le disputent, de donner jour par jour le commentaire.

De même que la Religion, le Gouvernement est une manifestation de la spontanéité sociale, une préparation de l'Humanité à un état supérieur.

Ce que l'Humanité cherche dans la Religion et qu'elle appelle Dieu c'est elle-même.

Ce que le citoyen cherche dans le gouvernement, et qu'il nomme *Roi, Empereur* ou *Président,* c'est lui-même aussi, c'est la Liberté.

Hors de l'Humanité, point de Dieu ; le concept théologique n'a pas de sens : — Hors de la Liberté, point de Gouvernement ; le concept politique est sans valeur.

La meilleure forme de gouvernement, comme la plus parfaite des religions, prise au sens littéral, est une idée contradictoire. Le problème n'est pas de savoir comment nous serons le mieux gouvernés, mais comment nous serons e plus libres. La liberté adéquate et identique à l'ordre, voilà tout ce que contiennent de réel le pouvoir et la politique. Comment se constitue cette liberté absolue, synonyme d'ordre ? voilà ce que nous enseignera l'analyse des différentes formules de l'autorité. Pour tout le reste, nous n'admettons pas plus le gouvernement de l'homme par l'homme, que l'exploitation de l'homme par l'homme...

Ainsi, la marche que nous nous proposons de suivre, en traitant la question politique et en préparant les matériaux d'une révision constitutionnelle, sera la même que nous avons suivie jusqu'à ce jour, en traitant la question sociale. La *Voix du Peuple*, en complétant l'œuvre des deux journaux ses prédécesseurs, sera fidèle à leurs erremens.

Que disions-nous, dans ces deux feuilles, tombées l'une après l'autre sous les coups de la réaction et de l'état de siége ?

Nous ne demandions point, comme l'avaient

fait jusqu'alors nos devanciers et nos confrères :

Quel est le meilleur système de communauté? la meilleure organisation de la propriété? — Ou bien encore : Lequel vaut mieux de la propriété ou de la communauté? de la théorie de Saint-Simon ou de celle de Fourier, du système de Louis Blanc ou de celui de Cabet?

A l'exemple de Kant, nous posions ainsi la question :

Comment est-ce que l'homme possède? Comment s'acquiert la propriété? Comment se perd-elle? Quelle est la loi de son évolution et de sa transformation? Où va-t-elle? Que veut-elle? Que représente-t-elle, enfin? Car il appert suffisamment, par le mélange indissoluble de biens et de maux qui l'accompagnent, par l'arbitraire qui fait son essence (*jus utendi et abutendi*) et qui est la conditition *sine quâ non* de son intégralité, qu'elle n'est encore, de même que la Religion et le Gouvernement, qu'une hypothèse, ou mieux, une hypotypose de la Société, c'est-à-dire une représentation allégorique d'une conception de notre intelligence.

Comment, ensuite, est-ce que l'homme travaille? Comment s'établit la comparaison des produits? Comment s'opère la circulation dans la société? A quelles conditions? Suivant quelles lois?

Et la conclusion de toute cette monographie de la propriété a été celle-ci :

La propriété indique fonction ou attribution; la communauté, réciprocité d'action : l'usure, toujours décroissante, identité du travail et du capital.

Pour opérer le dégagement et la réalisation

de tous ces termes, jusqu'à présent enveloppé
sous les vieux symboles propriétaires, que fau-
il? Que les travailleurs se garantissent les uns
aux autres le travail et le débouché ; à cet
fin, qu'ils acceptent, comme monnaie, leurs
obligations réciproques.

Eh bien ! nous disons aujourd'hui :

La liberté politique résultera pour nous,
comme la liberté industrielle, de notre mutuel-
le garantie. C'est en nous garantissant les uns
aux autres la liberté, que nous nous passerons
de ce gouvernement, dont la destination est de
symboliser la devise républicaine : *Liberté,
Égalité, Fraternité*, laissant à notre intelligence
le soin de la réaliser. Or, quelle est la formule
de cette garantie politique et libérale? le suffrage universel.

Réforme économique et sociale, par l'organisation du crédit;

Réforme politique, par l'organisation du suffrage universel : tel est le programme de la
Voix du Peuple.

La Révolution marche, s'écriait hier, à pro-
pos du message de Louis Bonaparte, une feuille
absolutiste. Ces gens-là ne voient la Révolution
que dans les catastrophes et les coups d'Etat.
Nous disons à notre tour : Oui, la Révolution
marche, car elle a trouvé des interprètes. Nos
forces peuvent faillir à la tâche : notre dévouè-
ment, jamais !

P.-J. PROUDHON.

(Extrait de la VOIX DU PEUPLE, 5 novembre   1849.)

RÉSISTANCE.

Louis Blanc et Pierre Leroux.

(Extrait de la *Voix du Peuple,*
3 décembre 1849.)

RESISTANCE.

Louis Blanc et Pierre Leroux.

Les Révolutions ne reconnaissent pas d'initiateurs : elles viennent quand le signal des destinées les appelle ; elles s'arrêtent quand la force mystérieuse qui les fait éclore est épuisée. Elles permettent bien qu'on les pousse : elles ne souffrent pas qu'on les traîne. C'est ce que nous prouve aujourd'hui, d'une manière éclatante, l'exemple de tous ceux qui, avides du pouvoir et de la faveur populaire, se sont attelés au char des Révolutions, s'imaginant qu'ils l'arrêteraient quand ils cesseraient de le tirer. Mais l'indomptable machine roule, balayant pêle-mêle, et ceux qui veulent entraver sa course, et ses conducteurs impuissans. Homme avisé, veux-tu donc n'être pas broyé sous les roues ? Mets-toi derrière la voiture, et puis, quand tu la verras se précipiter, monte sur le marche-pied.

Pie IX, un jour, veut essayer si la Papauté et la Liberté peuvent vivre ensemble. Il apprend bientôt, à ses dépens, que la liberté ne reconnaît ni maîtresse ni rivale, et qu'elle brise, quand il lui plaît, les institutions qu'elle s'est données, monarchie et catholicisme, Etat et propriété. Le pape alors, premier timonnier de la Révolution, recule, et veut retenir le char révolutionnaire, qui lui passe sur le corps. — Roule, Révolution !

Après le pape, c'est l'opposition dynastique. L'exemple de Pie IX la saisit et l'enflamme : Courage! Saint-Père, lui crie-t-elle par la bouche de M. Thiers, en prenant un bras de la limonière ; courage! faites honte à ce gouvernement couard qui méconnaît l'esprit du siècle et la nécessité du progrès ! — Courage! dynastiques, crient à leur tour les républicains, attachant sur les premiers leur bricole. — Courage, tout le monde! reprennent les socialistes; ne restons pas à moitié chemin : en avant!... Et le char foudroyant, chassant devant lui papauté, dynastie et bourgeoisie, les précipite les unes sur les autres dans la République démocratique et sociale.— Roule, Révolution !

Halte! dit alors le président du Luxembourg, Louis Blanc : je suis ministre secrétaire d'Etat du progrès; on n'avance pas sans ma permission. A bas les anarchistes, les individualistes, les égalitaires! Hommes du Peuple, respect à l'Etat : l'Etat, c'est vous !

Halte! crie de son côté le révélateur de la Triade, le restaurateur de la métempsycose, l'auteur apocryphe de l'*Etre universel*, Pierre Leroux : je suis l'apôtre des néo-chrétiens, le dernier des voyans. A bas les voltairiens, les libéraux et les athées! Respect à ma religion et à mon Dieu! Travailleur, arrête, au nom de la fraternité, de la charité, de la solidarité, de l'humanité, de l'unité!...

Et les deux hérauts de la Religion et de l'Etat, hors d'haleine, de se mettre en travers du chariot, qu'emportent sa vitesse acquise et sa masse, et que pousse une force mystérieuse, irrésistible. — Roule, roule, Révolution!

Nous avons lu, avec un vrai plaisir, tant cette lecture nous a rempli d'espoir, le dernier pamphlet de Louis Blanc, et les pieuses disquisitions de Pierre Leroux.

L'ex-homme d'Etat du gouvernement provisoire, l'écrivain chéri des républicains classiques, des démocrates romantiques, des socialistes communautaires et fraternitaires, brille, dans cette diatribe, de toutes les qualités de son style, et de toutes les misères de sa logique. La passion, une passion vraie, cette fois, l'élève au-dessus de lui-même : il éclate, il s'indigne, il insulte, il calomnie; il a des injures superbes et de magnifiques dédains. Il prend le Peuple à témoin; il atteste les travailleurs, ses frères, qui lui ont décerné le titre de premier ouvrier de la République, et qui maintenant, en pleine convalescence de l'épidémie gouvernementale, parlent de se passer d'hommes d'Etat, comme de capitalistes et de curés. Il invoque jusqu'aux propriétaires, à qui il promet une juste, mais non préalable indemnité; s'ils veulent lui permettre de se saisir de leurs propriétés, sauf à s'en servir pour organiser le travail sans cataclysme, pacifiquement.

On sent que le célèbre utopiste combat pour ses foyers et ses dieux: car l'Etat, le Pouvoir, c'est le patrimoine, c'est le sang et la vie de Louis Blanc. Soufflez sur l'Etat, Louis Blanc est un homme mort. C'est pour lui, c'est pour réaliser son plan d'organisation du travail par l'Etat, que s'est faite la Révolution de Février. Aussi jamais sa verve ne se montra plus vive et plus franche. Plus de tirades peignées, d'épithètes oiseuses, de sentimentalités affectées, d'antithèses à effet : c'est presque la langue révolutionnaire. *Quousque tandem...*

Pierre Leroux se joint à Louis Blanc, Pierre Leroux, qui a bien aussi son intérêt dans le débat. Le saint homme aspire à remplacer le pape dans ses fonctions de vicaire de Dieu; quelques-uns même vont jusqu'à dire qu'il se souvient d'avoir été Jésus-Christ. — Plus de gouvernement, dit-il, plus de religion : tout est perdu ! Où allez-vous, malheureux ? Revenez à la religion ; sans la religion, point de société. Nous sommes la religion : UNITÉ ! Nous sommes la Voie, la Vérité, la Vie : TRINITÉ DANS L'UNITÉ !... Sensation-sentiment-connaissance ! Celui qui renie notre *Doctrine*, et qui méconnaît la *Triade*, celui-là n'est pas républicain !...

Laissons pour un moment le démagogue et le mystagogue, et abordons ce grand problème de l'Etat, plus obscur encore que ne fut jamais celui du travail ; mais qui, nous en avons la ferme espérance, ne tardera pas à devenir aussi limpide, aussi positif.

La Révolution de Février a posé deux questions capitales : l'une économique, c'est la question de travail et de propriété ; l'autre, politique, c'est la question de gouvernement ou d'Etat.

Sur la première de ces questions, la Démocratie socialiste est à peu près d'accord. On reconnaît qu'il ne s'agit nullement de saisir et partager les propriétés, pas même d'en opérer le rachat ; de soumettre le riche et le propriétaire à des surtaxes de mauvaise foi, qui, tout en faisant mentir le principe de propriété, reconnu dans la Constitution, n'auraient pour effet que de bouleverser l'économie générale, et d'aggraver la situation du prolétariat. La réforme économique consiste, d'un côté, à créer une concurrence au crédit usuraire, et, par suite, à faire perdre au capital son revenu, en autres termes, à identifier, dans tout citoyen et au même degré, la qualité de travailleur et celle de capitaliste ;—d'autre part, à abolir tout le système des impôts actuels, qui ne frappent que sur le travailleur et sur le pauvre, et à les remplacer tous par un impôt unique, à titre de prime d'assurance, sur le capital.

Par ces deux grandes réformes, l'économie sociale est renouvelée de fond en comble ; les rapports commerciaux et industriels sont intervertis, et les bénéfices, aujourd'hui assurés au capitaliste, reportés sur le travailleur. La concurrence, actuellement anarchique et subversive, devient émulative et féconde ; le débouché ne faisant plus défaut, l'ouvrier et l'entrepreneur, solidairement unis, n'ont plus à craindre ni stagnation ni chômage. Un ordre nouveau s'établit sur les vieilles institutions abolies ou régénérées.

Sur ce point, la ligne révolutionnaire est tracée ; le sens du mouvement est connu. Quelque variété qu'on apporte dans l'application, la réforme sera opérée d'après ces principes et sur ces bases ; la Révolution n'a pas d'autre issue. On peut donc considérer le problème économique comme résolu.

Il n'en est pas de même, tant s'en faut, du problème politique, c'est-à-dire de la détermination à faire, pour l'avenir, du gouvernement et de l'Etat. Sur ce point, la question n'est pas même posée : il n'y a rien dans la conscience publique et dans l'intelligence des masses. La Révolution économique accomplie comme nous venons de le dire, le gouvernement, l'Etat, peut-il, doit-il subsister encore ? Voilà ce que personne, ni dans la Démocratie, ni hors de la Démocratie, n'ose révoquer en doute ; et telle est pourtant la question qu'il s'agit d'examiner, à peine de nouvelles catastrophes.

Nous affirmons donc, et jusqu'à présent nous sommes seuls à l'affirmer, qu'avec la Révolution économique, que l'on ne conteste plus, l'Etat doit entièrement disparaître ; que cette disparition de l'Etat est la conséquence nécessaire de l'organisation du crédit et de la réforme de l'impôt ; que, par l'effet de cette double innovation, le gouvernement devient successivement inutile et impossible ; qu'il en est de lui, à cet égard, comme de la propriété féodale, du prêt à intérêt, de la monarchie absolue ou constitutionnelle, des institutions judiciaires, etc., qui tous ont servi à l'éducation de la liberté, mais qui tombent et s'évanouissent lorsque la liberté est arrivée à sa plénitude.

D'autres, au contraire, parmi lesquels se distinguent en première ligne Louis Blanc et Pierre Leroux, soutiennent qu'après la révolution économique il faut continuer l'Etat, réserve faite d'une réorganisation de l'Etat, sur laquelle ils n'ont fourni jusqu'à cette heure ni principe ni plan. Pour eux, la question politique, au lieu de s'annihiler en s'identifiant à la question économique, subsiste toujours : ils maintiennent, en l'agrandissant encore, l'Etat, le pouvoir, l'autorité, le gouvernement. Tout ce qu'ils font, c'est de changer les appellations ; de dire, par exemple, au lieu de l'*Etat-maître*, l'*Etat-serviteur*, comme s'il suffisait de changer les mots pour transformer les choses ! Au-dessus de ce système de gouvernement, tout-à-fait inconnu, plane un système de religion dont le dogme est également inconnu, le rite inconnu, le but, sur la terre ou dans le ciel, inconnu.

Telle est donc la question qui divise en ce moment la Démocratie socialiste, en ce moment d'accord, ou peu s'en faut, sur le reste : l'Etat doit-il exister encore, lorsque l'équation du travail et du capital sera opérée ? En autres termes, aurons-nous toujours, comme nous l'avons eue jusqu'à présent, une Constitution politique en dehors de la Constitution sociale ?

Nous répondons par la négative. Nous soutenons que le capital et le travail une fois identifiés, la société subsiste par elle-même et n'a plus besoin de gouvernement. Nous sommes, en conséquence, et nous l'avons proclamé plus d'une fois, des *anarchistes*. L'anarchie est la condition d'existence des sociétés adultes, comme la *hiérarchie* est la condition des sociétés primitives : il y a progrès incessant, dans les sociétés humaines, de la hiérarchie à l'anarchie.

Louis Blanc et Pierre Leroux affirment le contraire : outre leur qualité de *socialistes*, ils retiennent celle de *politiques* ; ce sont des hommes de gouvernement et d'autorité, des hommes d'Etat.

Pour vider le différend, nous avons donc à considérer l'Etat, non plus au point de vue de l'ancienne société, qui l'a naturellement et nécessairement produit, et qui va finir ; — mais au point de vue de la société nouvelle, telle que la font ou la doivent faire les deux réformes fondamentales et corélatives du crédit et de l'impôt.

Or, si nous prouvons qu'à ce dernier point de vue, l'Etat, considéré dans sa nature, repose sur une hypothèse complétement fausse ; qu'en second lieu, considéré dans son objet, l'Etat ne trouve de raison d'existence que dans une seconde hypothèse, également fausse ; qu'enfin, considéré dans les motifs d'une prolongation ultérieure, l'Etat ne peut invoquer encore qu'une hypothèse aussi fausse que les deux premières : ces trois points éclaircis, la question sera jugée ; l'Etat sera reconnu chose superflue, par conséquent nuisible, impossible ; le gouvernement sera une contradiction.

Procédons de suite à l'analyse.

I. — De la nature de l'Etat.

—

« Qu'est-ce que l'Etat? » se demande Louis Blanc.

Et il répond :

« L'Etat, en un régime monarchique, c'est le pouvoir d'un homme, la tyrannie dans un seul.

« L'Etat, en un régime oligarchique, c'est le pouvoir d'un petit nombre d'hommes, la tyrannie dans quelques-uns.

« L'Etat, en un régime aristocratique, c'est le pouvoir d'une classe, la tyrannie dans plusieurs.

« L'Etat, en un régime anarchique, c'est le pouvoir du premier venu qui se trouve être le plus intelligent et le plus fort; c'est la tyrannie dans le chaos.

« L'Etat, dans un régime démocratique, c'est le Pouvoir de tout le Peuple, servi par ses élus; c'est le règne de la Liberté. »

Sur les ving-cinq ou trente mille lecteurs de Louis Blanc, il n'en est peut-être pas dix à qui cette définition de l'Etat n'ait paru démonstrative, et qui ne répètent, après le maître : l'Etat, c'est le pouvoir d'un, de quelques-uns, de plusieurs, de tous ou du premier venu, suivant

qu'on fait suivre le mot Etat de l'un de ces ad-
jectifs : *monarchique, oligarchique, aristocratique, démocratique* ou *anarchique*. Les délégués
du Luxembourg,—qui se croient volés, à ce qu'il
semble, quand on se permet d'avoir une opinion autre que la leur sur la signification et les
tendances de la Révolution de Février,—dans une
lettre rendue publique, m'ont fait l'honneur de
m'informer qu'ils trouvaient la réponse de Louis
Blanc tout à fait victorieuse, et que je n'avais
rien à y répondre. Il paraît que personne, parmi les citoyens délégués, n'a appris le grec. Autrement, ils auraient vu que leur maître et ami
Louis Blanc, au lieu de dire ce que c'est que
l'Etat, n'a fait autre chose que traduire en fran-
çais les mots grecs *monos*, un ; *oligoï*, quelques-
uns ; *aristoï*, les grands ; *démos*, le Peuple, et *a*
privatif, qui veut dire : non. C'est à l'aide de ces
qualificatifs qu'Aristote a différencié les différentes formes de l'Etat, lequel s'exprime par
arché, autorité, gouvernement, Etat. Nous en
demandons bien pardon à nos lecteurs, mais ce
n'est pas notre faute si la science politique du
président du Luxembourg ne va pas plus loin
que l'étymologie.

Et voyez l'artifice ! Il a suffi à Louis Blanc,
dans sa traduction, d'employer quatre fois le
mot tyrannie, *tyrannie d'un seul, tyrannie de
plusieurs*, etc., et de le supprimer une, *Pouvoir
du Peuple servi par ses élus*, pour enlever d'em-
blée les applaudissemens. Tout autre Etat que
le démocratique, tel que l'entend Louis Blanc,
est *tyrannie*. L'anarchie surtout est traitée d'une
façon particulière ; c'est *le pouvoir du premier
venu qui se trouve être le plus intelligent et le*

plus fort, c'est la *tyrannie dans le chaos*. Quel monstre que ce *premier-venu*, qui, tout premier-venu qu'il est, se trouve être cependant *le plus intelligent et le plus fort*, et qui exerce sa *tyrannie dans le chaos*? Qui pourrait, après cela, préférer l'*anarchie* à cet aimable gouvernement de de tout le Peuple, servi si bien, comme l'on sait, par ses élus? Comme c'est triomphant, cela! Du premier coup, nous voilà par terre. Ah! rhéteur, remerciez Dieu d'avoir créé pour vous tout exprès, au dix-neuvième siècle, une sottise pareille à celle de vos soi-disant délégués des classes ouvrières, sans cela vous seriez mort sous les sifflets, la première fois que vous avez touché une plume,

Qu'est-ce que l'Etat? Il faut une réponse à cette question : l'énumération qu'a faite, après Aristote, des différentes espèces d'Etat, le citoyen Louis Blanc, ne nous a rien appris. Quant à Pierre Leroux, ce n'est pas la peine de l'interroger : il nous dirait que la question est indiscrète, que l'Etat a toujours existé, qu'il existera toujours : c'est la raison suprême des conservateurs et des bonnes femmes.

L'Etat est la constitution EXTÉRIEURE de la puissance sociale.

Par cette constitution extérieure de sa puissance et souveraineté, le Peuple ne se gouverne pas lui-même : c'est, tantôt un individu, tantôt plusieurs, qui, à titre électif ou héréditaire, sont chargés de le gouverner, de gérer ses affaires, de traiter et compromettre en son nom en un mot de faire tous actes de père de famille, tuteur, gérant ou mandataire, nanti de procuration générale, absolue et irrévocable.

Cette Constitution externe de la puissance collective, à laquelle les Grecs donnèrent le nom d'*arché*, principauté, autorité, gouvernement, repose donc sur cette hypothèse, qu'un Peuple, que l'être collectif qu'on nomme une société, ne peut se gouverner, penser, agir, s'exprimer, par lui-même, d'une manière analogue à celle des êtres doués de personnalité individuelle ; qu'il a besoin, pour cela, de se faire représenter par un ou plusieurs individus, qui, à un titre quelconque, sont censés les dépositaires de la volonté du Peuple, et ses agens. Il y a impossibilité, suivant cette hypothèse, à ce que la puissance collective, qui appartient essentiellement à la masse, s'exprime et agisse directement, sans l'intermédiaire d'organes constitués exprès, et pour ainsi dire apostés *ad hoc*. Il semble, disons-nous, — et c'est ce qui explique la Constitution de l'Etat dans toutes ses variétés et espèces, — que l'être collectif, que la société, n'étant qu'un être de raison, ne peut se rendre sensible, autrement que par voie d'incarnation monarchique, d'usurpation aristocratique, ou de mandat démocratique ; conséquemment que toute manifestation propre et personnelle lui soit interdite.

Or, c'est précisément cette notion de l'être collectif, de sa vie, de son action, de son unité, de son individualité, de sa personnalité ; — car la société est une personne, entendez-vous ? comme l'Humanité tout entière est une personne ; — c'est cette notion de l'être humain collectif que nous nions aujourd'hui ; et c'est pour cela que nous nions aussi l'Etat, que nous nions le gouvernement, que nous repoussons de la société économiquement révolutionnée , toute constitution de la puissance populaire , en dehors et au-dessus de la masse , par royauté héréditaire, institution féodale , ou délégation démocratique.

Nous affirmons, au contraire, que le Peuple, que la société, que la masse , peut et doit se gouverner lui-même , penser, agir, se lever et s'arrêter, comme un homme, se manifester enfin dans son individualité physique, intellectuelle et morale, sans le secours de tous ces truchemens qui jadis furent des despotes, qui maintenant sont des aristocrates, qui, de temps à autre , ont été de prétendus délégués, complaisans ou serviteurs de la foule, et que nous nommons purement et simplement *agitateurs du Peuple*, *démagogues*.

En deux mots :

Nous nions le gouvernement et l'Etat, parce que nous affirmons, ce à quoi les fondateurs d'Etats n'ont jamais cru, la personnalité et l'autonomie des masses.

Nous affirmons de plus que toute constitution d'Etat n'a d'autre but que de conduire la société à cet état d'autonomie ; que les différentes formes d'Etats, depuis la monarchie absolue jusqu'à la *démocratie* représentative, ne sont toutes que des moyens termes, des positions illogiques et instables, servant tour à tour de transitions ou d'étapes à la liberté, et formant les degrés de l'échelle politique, à l'aide de laquelle les sociétés s'élèvent à la conscience et à la possession d'elles-mêmes.

Nous affirmons, enfin, que cette *anarchie*, qui exprime, comme on le voit maintenant, le plus haut degré de liberté et d'ordre auquel l'humanité puisse parvenir, est la véritable formule de la République, le but auquel nous pousse la Révolution de Février : de telle sorte qu'entre République et Gouvernement, entre le Suffrage universel et l'Etat, il y a contradiction.

Ces affirmations systématiques, nous les établissons de deux manières : d'abord, par la méthode historique et négative, en démontrant que toute Constitution de pouvoir, toute organisation de la force collective par extérioration est devenue pour nous impossible. — C'est ce que nous avons commencé de faire dans les *Confessions d'un Révolutionnaire*, en racontant la chute de tous les gouvernemens qui se sont succédé en France depuis soixante ans, en dégageant la cause de leur abolition, et signalant en dernier lieu l'épuisement et la mort du pouvoir dans le règne corrompu de Louis-Philippe, dans la dictature inerte du gouvernement provisoire, et la présidence insignifiante du général Cavaignac et de Louis Bonaparte.

Nous prouvons, en second lieu, notre thèse, en expliquant comment, par la réforme économique, par la solidarité industrielle, et l'organisation du suffrage universel, le Peuple passe de la Spontanéité à la Réflexion et à la Conscience; agit, non plus par entraînement et fanatisme, mais avec dessein; se comporte sans maîtres ni serviteurs, sans délégués comme sans aristocrates, absolument comme ferait un individu. Ainsi, la notion de personne, l'idée du *moi*, se trouve étendue et généralisée : il y a la personne ou le *moi* individuel, comme il y a la personne ou le *moi* collectif; dans l'un comme dans l'autre cas, la volonté, l'action, l'âme, l'esprit, la vie, inconnus dans leur principe, insaisissables dans leur essence, résultent du fait animique et vital, l'organisation. La psycologie des nations et de l'humanité devient, comme la psycologie de l'homme, une science possible. C'est à cette démonstration positive que nous avons préludé, tant dans les publications que nous avons faites sur la circulation et le crédit, que dans le chapitre XIV du manifeste de la *Voix du Peuple*, relatif à la Constitution.

Ainsi, lorsque Louis Blanc et Pierre Leroux se posent en défenseurs de l'Etat, ce qui veut dire d'une constitution *externe* de la puissance publique, ils ne font autre chose que reproduire, sous une variante qui leur est propre et qu'ils n'ont pas encore fait connaître, cette vieille fiction de gouvernement représentatif, dont la formule intégrale, l'expression la plus complète, est encore la monarchie cons*ti*tutionnelle. Est-ce donc pour arriver à *ce*tte contradiction rétrograde que nous avons fai*t* la Révolution de Février?

Il nous semble, qu'en dites-vous, lecteurs? que la question commence à se poser d'une manière quelque peu claire; que les pauvres d'esprit seront à même, après ce que nous venons de dire, de se faire une idée de l'Etat, qu'ils comprendront comment des républicains peuvent se demander s'il est indispensable, après une Révolution économique qui change tous les rapports de la société, d'entretenir, pour la vanité de prétendus hommes d'Etat, et au prix de deux milliards par année, cet organe parasite appelé gouvernement ? Et les honorables Délégués du Luxembourg, qui, pour s'être assis sur les fauteuils de la pairie, se croient des hommes politiques, et s'attribuent si bravement l'intelligence exclusive de la Révolution, ne craindront plus, sans doute, qu'en notre qualité de *plus intelligens* et de *plus forts*, après avoir supprimé, comme inutile et trop cher, le Gouvernement, nous établissions la tyrannie dans le chaos. Nous nions l'Etat et le Gouvernement ; nous affirmons l'autonomie du Peuple en même temps que sa majorité. Comment serions-nous des fauteurs de tyrannie, des aspirans au ministère, des compétiteurs de Louis Blanc et de Pierre Leroux?

En vérité, nous ne concevons rien à la logique de nos adversaires. Ils acceptent un principe sans s'inquiéter des conséquences ; ils adhèrent, par exemple, à l'égalité de l'impôt que réalise l'impôt sur le capital ; ils adoptent le crédit populaire, mutuel et gratuit, car tous ces termes sont synonymes ; ils applaudissent à la déchéance du capital et à l'émancipation du travail ; puis, quand il s'agit de tirer les conséquences anti-gouvernementales de ces prémisses, ils protestent, ils continuent à parler politique et gouvernement, sans se demander si le gouvernement est compatible avec la liberté et l'égalité industrielles ; s'il y a possibilité d'une science politique, quand il y a nécessité d'une science économique ! La propriété, ils l'attaquent sans scrupule, malgré son antiquité vénérable ; mais ils s'inclinent devant le p comme des marguilliers devant le Saino ment. Le gouvernement, c'est pour et-

priori nécessaire et immuable, le principe des principes, l'archée éternelle.

_Certes, nous ne donnons pas nos affirmations pour des preuves, nous savons, aussi bien que qui que ce soit, à quelles conditions une proposition se démontre. Nous disons seulement, qu'avant de procéder à une nouvelle constitution de l'Etat, il faut se demander si, à vue des réformes économiques que nous impose la Révolution, l'Etat lui-même ne doit pas être aboli ; si cette fin des institutions politiques ne résulte pas du sens et de la portée de la réforme économique? Nous demandons si, en fait, après l'explosion de Février, après l'établissement du suffrage universel, la déclaration d'omnipotence des masses, et la subordination désormais inévitable du pouvoir aux volontés populaires, un gouvernement quelconque est encore possible ; si ce gouvernement ne se trouverait pas placé dans l'alternative perpétuelle, ou de suivre docilement les injonctions aveugles et contradictoires de la multitude, ou de la tromper sciemment, comme l'a fait le gouvernement provisoire, comme l'ont fait de tout temps les démagogues? Nous demandons, à tout le moins, parmi les diverses attributions de l'Etat; lesquelles doivent être conservées et agrandies, lesquelles supprimées? Car, s'il arrivait, chose qu'il est encore permis de prévoir, que de toutes les attributions actuelles de l'Etat, pas une ne dût survivre à la réforme économique, il faudrait bien admettre, sur la foi de cette démonstration négative, que, dans cette condition nouvelle de la société, l'Etat n'est rien, ne peut être rien ; en deux mots,

que la seule manière d'organiser le gouvernement démocratique, c'est de supprimer le gouvernement.

Au lieu de cette analyse positive, pratique,
réaliste, du mouvement révolutionnaire, que
font nos prétendus initiateurs? Ils s'en vont
consulter les Lycurgue, les Platon, les Orphée,
et toute la sagesse mythologique; ils interro-
gent les vieilles légendes; ils demandent à la
plus haute antiquité des solutions, pour des
problèmes exclusivement modernes, et puis ils
nous baillent pour réponse les illuminations
vertigineuses de leur cerveau.

Est-ce là, encore une fois, cette science de la
société et de la Révolution, qui devait, à première vue, résoudre tous les problèmes, science
essentiellement pratique et immédiate; science
éminemment traditionnelle, sans doute, mais
science par-dessus tout progressive, et dans laquelle le progrès s'accomplit par la négation
systématique de la tradition elle-même?...

II. — Du but ou de l'objet de l'Etat.

On vient de voir que la notion de l'Etat considéré dans sa nature, repose tout entière sur une hypothèse, au moins douteuse, celle de l'impersonnalité et de l'inertie physique, intellectuelle et morale des masses. Nous allons prouver que cette même notion de l'Etat, considéré dans son objet, repose sur une autre hypothèse, plus improbable encore que la première, celle de la permanence de l'antagonisme dans l'humanité, hypothèse qui elle-même est une suite du dogme primitif de la chute ou du péché originel.

Nous continuons à citer le *Nouveau Monde*.

« Qu'arrivera-t-il, se demande Louis Blanc, si on laisse le plus intelligent ou le plus fort mettre obstacle au développement des facultés de qui est moins fort ou moins intelligent? — Il arrivera que la liberté sera détruite.

« Comment empêcher ce crime? — En faisant intervenir entre l'oppresseur et l'opprimé tout le pouvoir du Peuple.

« Si Jacques opprime Pierre, les trente-quatre millions d'hommes dont la société française se compose accourront-ils tous à la fois pour pro-

.éger Pierre, pour sauvegarder la liberté? Le prétendre serait une bouffonnerie.

« Comment donc la société interviendra-t-elle ?

« *Par ceux qu'elle aura choisis pour la* REPRÉSENTER *à cet effet.*

« Mais ces REPRÉSENTANS de la société, ces serviteurs du Peuple, qui sont-ils? — L'Etat.

« Donc l'Etat n'est autre chose que la société elle-même, agissant comme société, pour empêcher... quoi? l'oppression: pour maintenir... quoi? la liberté. »

Voilà qui est clair. L'Etat est une REPRÉSENTATION de la société, organisée extérieurement pour protéger le *faible* contre le *fort*; en autres termes, pour mettre la paix entre les combattaus et faire de l'ordre ! Louis Blanc n'est pas allé loin, comme l'on voit, pour trouver la destination de l'Etat. Elle traîne, depuis Grotius, Justinien, Cicéron, etc., dans tous les auteurs qui ont parlé de droit public. C'est la tradition orphique, rapportée par Horace :

Sylvestres homines sacer interpresque deorum,
Cædibus et victu fœdo deterruit Orpheus
Dictus ob hoc lenire tigres rabidosque leones
Dictus et Amphion thebanæ conditor arcis
Saxa movere sono testudinis et prece blandâ
Ducere quo vellet...

« Le divin Orphée, interprète des Dieux, appela les hommes du fond des forêts, et leur fit horreur du meurtre et de la chair humaine. Aussi, dit-on de lui qu'il adoucit les lions et les tigres, comme plus tard on dit d'Amphion, le fondateur de Thèbes, qu'il remuait les pierres au son de sa lyre, et les conduisait où il voulait par le charme de sa prière. »

Le Socialisme, nous le savions, n'exige pas, chez certaines gens, de grands efforts d'imagination. On imite, assez platement, les vieux mythologues; on copie le catholicisme, tout en déclamant contre lui ; on singe le pouvoir, que l'on convoite : puis on crie de toutes ses forces: Liberté, Egalité, Fraternité ! et le tour est fait. On passe révélateur, réformateur, rhabilleur démocratique et social ; on est candidat désigné au ministère du progrès, voire même à la dictature de la République !

Ainsi, de l'aveu de Louis Blanc, le pouvoir est né de la barbarie ; son organisation atteste, chez les premiers hommes, un état de férocité et de violence, effet de l'absence totale de commerce et d'industrie. C'est à cette sauvagerie que l'Etat dût mettre fin, en opposant à la force de chaque individu une force supérieure, capable, à défaut d'autre argument, de contraindre sa volonté. La Constitution de l'Etat suppose donc, nous le disions tout à l'heure, un profond antagonisme social, *homo homini lupus :* c'est ce que dit Louis Blanc lui-même, lorsqu'après avoir distingué les hommes en *forts* et *faibles*, se disputant, comme des bêtes féroces, leur nourriture, il fait intervenir entre eux, comme médiateur, l'Etat.

Donc l'Etat serait inutile, l'Etat manquerait d'objet comme de motif, l'Etat devrait s'abroger lui-même, s'il venait un moment où, par une cause quelconque, il n'y eût plus dans la société ni *forts* ni *faibles*, c'est-à-dire où l'inégalité des forces physiques et intellectuelles ne pût pas être une cause de spoliation et d'oppression , indépendamment de la protection plus fictive d'ailleurs que réelle de l'Etat.

Or, telle est justement la thèse que nous soutenons aujourd'hui.

Ce qui adoucit les mœurs, et qui fait peu à peu régner le droit à la place de la force, ce qui fonde la sécurité, qui crée progressivement la liberté et l'égalité, c'est, bien plus que la religion et l'Etat, le travail; c'est, en premier lieu, le commerce et l'industrie ; c'est ensuite la science, qui le spiritualise ; c'est, en dernière analyse, l'art, sa fleur immortelle. La religion par ses promesses et ses terreurs, l'Etat par ses tribunaux et ses armées, n'ont fait que donner au sentiment du droit, trop faible chez les premiers hommes, une sanction, la seule intelligible à des esprits farouches. Pour nous, que l'industrie, les sciences, les lettres, les arts, ont corrompus, comme disait Jean-Jacques, cette sanction réside ailleurs : elle est dans la division des propriétés, dans l'engrenage des industries, dans le développement du luxe, dans le besoin impérieux de bien-être, besoin qui fait à tous une nécessité du travail. Après la rudesse des premiers âges, après l'orgueil des castes et la constitution féodale des premières sociétés, un dernier élément de servitude restait encore : c'était le capital. Le capital ayant perdu sa prépondérance, le travailleur, c'est-à-dire le commerçant, l'industriel, le laboureur, le savant, l'artiste, n'a plus besoin de protection : sa protection, c'est son talent, c'est sa science, c'est son industrie. Après la déchéance du capital, la conservation de l'Etat, bien loin de protéger la liberté, ne peut que compromettre la liberté.

C'est se faire une triste idée de l'espèce humaine, de son essence, de sa perfectibilité, de sa destinée, que de la concevoir comme une agglomération d'individus exposés nécessairement, par l'inégalité des forces physiques et intellectuelles, au péril constant d'une spoliation réciproque ou de la tyrannie de quelques-uns. Une pareille idée atteste la philosophie la plus rétrograde : elle appartient à ces temps de barbarie, où l'absence des vrais élémens de l'ordre social ne laissait au génie du législateur d'autre moyen d'action que la force; où la suprématie d'un pouvoir pacificateur et vengeur apparaissait à tous comme la juste conséquence d'une dégradation antérieure et d'une souillure originelle. Pour dire toute notre pensée, nous regardons les institutions politiques et judiciaires comme la formule exotérique et concrète du mythe de la chute, du mystère de la Rédemption, et du sacrement de Pénitence. Il est curieux de voir de prétendus socialistes, ennemis ou rivaux de l'Eglise et de l'Etat, se faire les copistes de tout ce qu'ils blasphèment, du système représentatif en politique, du dogme de la chute en religion.

Puisqu'on parle tant de doctrine, nous déclarons franchement que telle n'est point la nôtre.

Pour nous, l'état moral de la société se modifie et s'améliore avec son état économique. Autre est la moralité d'un peuple sauvage, ignorant et sans industrie ; autre celle d'un peuple travailleur et artiste : autres, par conséquent, sont les garanties sociales chez le premier, autres chez le second. Dans une société transformée, presque à son insu, par le développement de son économie, il n'y a plus ni *forts*, ni *faibles*; il n'existe que des travailleurs, dont les facultés et les moyens tendent sans cesse, par la solidarité industrielle et la garantie de circulation, à s'égaliser. Vainement, pour assurer le droit et le devoir de chacun, l'imagination se reporte à cette idée d'autorité et de gouvernement, qui atteste le profond désespoir des âmes longtemps effrayées par la police et le sacerdoce : le plus simple examen des attributions de l'Etat suffit pour démontrer que si l'inégalité des fortunes, l'oppression, la spoliation et la misère ne sont point l'éternel apanage de notre nature, la première lèpre que nous ayons à réformer, après l'exploitation capitaliste, la première plaie à guérir, c'est l'Etat.

Voyons, en effet, le budget à la main, ce que c'est que l'Etat.

L'Etat, c'est l'armée. — Réformateur, avez-vous besoin d'armée pour vous défendre? En ce cas, vous entendez la sécurité publique comme César et Napoléon... Vous n'êtes pas républicain ; vous êtes despote.

L'Etat, c'est la police ; police urbaine, police rurale, police des eaux et forêts. — Réformateur, avez-vous besoin de police? Alors, vous entendez l'ordre comme Fouché, Gisquet, Caussidière et M. Carlier. Vous n'êtes point démocrate, vous êtes mouchard.

L'Etat, c'est tout le système judiciaire : juges de paix, tribunaux de première instance, cours d'appel, cour de cassation, haute cour, tribunaux de prud'hommes, tribunaux de commerce, conseils de préfecture, conseil d'Etat, conseils de guerre. — Réformateur, avez-vous besoin de toutes ces jugeries? Alors vous entendez la justice comme MM. Baroche, Dupin et Perrin Dandin. Vous n'êtes point socialiste, vous êtes un routier.

L'Etat, c'est le fisc, le budget.—Réformateur, vous ne voulez pas de l'abolition des impôts? Alors vous entendez la richesse publique comme M. Thiers, pour qui les budgets les plus gros sont les meilleurs. Vous n'êtes point un organisateur du travail, vous êtes un rat de cave.

L'Etat, c'est la douane. — Réformateur, vous faut-il, pour protéger le travail national, des droits différentie's et des barrières? Alors vous vous entendez au commerce et à la circulation comme M. Fould et M. Rothschild. Vous n'êtes point un apôtre de la fraternité : vous êtes un juif.

L'Etat, c'est la dette publique, la monnaie, l'amortissement, les caisses d'épargne, etc. — Réformateur, est-ce là votre science financière? Alors, vous entendez l'économie sociale comme MM. Humann, Lacave-Laplagne, Garnier-Pagès, Passy, Duclerc, et l'*Homme aux quarante écus*. Vous êtes un Turcaret.

L'Etat... mais il faut s'arrêter. Il n'y a rien, absolument rien dans l'Etat, du haut de la hiérarchie jusques en bas, qui ne soit abus à réformer, parasitisme à supprimer, instrument de tyrannie à détruire. Et vous nous parlez de conserver l'Etat, d'augmenter les attributions de l'Etat, de rendre de plus en plus fort le pouvoir de l'Etat! Allez, vous n'êtes point un révolutionnaire ; car le véritable révolutionnaire est essentiellement simplificateur et libéral. Vous êtes un mystificateur, un escamoteur ; vous êtes un brouillon.

III. — D'une destination ultérieure de l'Etat.

—

Ici surgit, en faveur de l'Etat, une dernière hypothèse. Parce que l'Etat, disent les pseudo-démocrates, n'a rempli, jusqu'à présent, qu'un rôle de parasitisme et de tyrannie, ce n'est pas une raison de lui refuser une destination plus noble et plus humaine. L'Etat est destiné à devenir l'organe principal de la production, de la consommation et de la circulation ; l'initiateur de la Liberté et de l'Egalité.

Car la Liberté et l'Egalité, c'est l'Etat.

Le crédit, c'est l'Etat.

Le commerce, l'agriculture et l'industrie, c'est l'Etat.

Les canaux, les chemins de fer, les mines, les assurances, de même que les tabacs e les postes, c'est l'Etat.

L'éducation publique, c'est l'Etat.

L'Etat, enfin, quittant ses attributions négatives pour en revêtir de positives, d'oppresseur, improductif, et rétrograde qu'il fut toujours, doit devenir organisateur, producteur, et serviteur. C'est la féodalité régénérée, la hiérarchie des associations ouvrières, organisées et échelonnées suivant une -formule puissante, dont Pierre Leroux se réserve de nous révéler le secret.

Ainsi, les organisateurs de l'Etat supposent, car, en tout ceci, ils ne font qu'aller de supposition en supposition, que l'Etat peut changer sa nature, se retourner, pour ainsi dire, lui-même, de Satan devenir Archange, et, après avoir vécu, pendant des siècles, de sang et de carnage comme une bête féroce, paître le cythise avec les chevrettes, et donner la mamelle aux agneaux. C'est ce que nous enseignent Louis Blanc et Pierre Leroux; c'est, nous l'avons dit il y a longtemps, tout le secret des utopistes.

« Nous aimons le pouvoir tutélaire, généreux, dévoué, prenant pour devise ces paroles profondes de l'Evangile : — *Que le premier d'entre vous soit le serviteur de tous les autres ;* — et nous le haïssons, dépravé, corrupteur, oppressif, faisant du Peuple sa proie. Nous l'admirons représentant, la partie généreuse et vivante de l'humanité ; nous l'abhorrons quand il en représente la partie cadavéreuse. Nous nous révoltons contre ce qu'il y a d'insolence, d'usurpation, de brigandage dans cette notion : l'Etat-maître ; et nous applaudissons à ce qu'il y a de touchant, de fécond et de noble, dans cette notion : l'Etat-serviteur. Disons mieux : il est une croyance à laquelle nous tenons mille fois plus qu'à la vie, c'est notre croyance dans la prochaine et définitive TRANSFORMATION du pouvoir. *Là est le passage triomphal du monde ancien au monde nouveau.* Tous les gouvernemens de l'Europe reposent aujourd'hui sur la notion de l'ETAT-MAÎTRE ; mais les voilà qui dansent, éperdus, la ronde des morts... » (Le *Nouveau Monde*, 15 novembre 1849.)

Pierre Leroux est tout à fait dans ces idées. Ce qu'il veut, qu'il enseigne et qu'il appelle, c'est une régénération de l'Etat — il n'a pas dit encore par qui et par quoi doit s'opérer cette régénération ; — comme il veut et appelle une régénération du christianisme, sans qu'il ait pu jusqu'ici poser son dogme et donner son *Credo*.

Nous croyons, à l'encontre de Pierre Leroux et de Louis Blanc, que la théorie de l'Etat tutélaire, généreux, dévoué, producteur, initiateur, organisateur, libéral et progressif, est une utopie, une pure illusion de leur optique intellectuelle. Pierre Leroux et Louis Blanc ressemblent, selon nous, à un homme qui, debout sur une glace et voyant son image renversée, prétendrait que cette image doit devenir une réalité et remplacer un jour, qu'on nous passe l'expression, sa *personne naturelle*.

Voilà ce qui nous sépare de ces deux hommes, dont nous n'avons jamais songé, quoiqu'ils disent, à nier les talens et les services, mais dont nous déplorons l'hallucination obstinée. Nous ne croyons pas à l'ETAT-SERVITEUR : c'est pour nous tout simplement une contradiction. *Serviteur* et *maître*, quand ils se disent de l'Etat, sont termes synonymes ; de même que *plus* et *moins*, quand ils se rapportent à l'égalité, sont termes identiques. Le propriétaire, par l'intérêt du capital, demande *plus* que l'égalité ; le communiste, par la formule *à chacun suivant ses besoins*, accorde *moins* que l'égalité : c'est toujours de l'inégalité ; et c'est ce qui fait que nous ne sommes ni communiste ni propriétaire. Pareillement, qui dit *Etat-maître*, dit usurpation de la puissance publique ; qui dit *Etat-serviteur*, dit délégation de la puissance publique ; c'est toujours aliénation de cette puissance, toujours une autorité externe, arbitraire, à la place de l'autorité immanente, inaliénable, intransférable, des citoyens : toujours *plus* ou *moins* que la liberté. C'est pour cette raison que nous ne voulons pas de l'Etat.

Au surplus, pour sortir de la métaphysique et rentrer dans le domaine de l'expérience, voici ce que nous avons à dire à Louis Blanc et Pierre Leroux.

Vous prétendez et affirmez que l'Etat, que le gouvernement, peut et doit être intégralement transformé dans son principe, dans son essence, dans son action, dans ses rapports avec les citoyens, comme dans ses résultats : qu'ainsi l'Etat, banqueroutier et faux monnayeur, doit être la source de tout crédit ; qu'ennemi des lumières, pendant tant de siècles, et en ce moment encore hostile à l'enseignement primaire et à la liberté de la presse, c'est à lui de pourvoir, d'office, à l'instruction des citoyens ; qu'après avoir laissé se développer, sans son secours, souvent même malgré sa résistance, le commerce, l'industrie, l'agriculture, et tous les instrumens de la richesse, il lui appartient de prendre l'initiative de tout travail comme de toute idée ; qu'enfin, adversaire éternel de la liberté, il doit encore, non pas laisser la liberté à elle-même, mais créer, mais diriger la liberté. C'est dans cette transformation merveilleuse de l'Etat que consiste, suivant vous, la Révolution actuelle.

Vous avez donc tout à la fois, d'abord à établir la vérité de votre hypothèse, en déduisant sa légitimité traditionnelle, ses titres historiques, en exposant sa philosophie; en second lieu, à en faire l'application.

Or, il appert déjà que théorie et pratique, tout, dans votre hypothèse, est en contradiction formelle, et avec l'idée même, et avec les faits antérieurs, et avec les tendances les plus authentiques de l'humanité.

Votre théorie, disons-nous, implique contradiction dans ses termes, puisqu'elle prétend faire de la liberté une création de l'Etat, tandis que c'est l'Etat, au contraire, qui doit être une création de la liberté. En effet, si l'Etat s'impose à ma volonté, l'Etat est maître; je ne suis pas libre; la théorie est à bas.

Elle est en contradiction avec les faits antérieurs, puisqu'il est certain, et reconnu par vous, que tout ce qui s'est produit, dans la sphère de l'activité humaine, de positif, de bon et de beau, a été le produit exclusif de la liberté, agissant indépendamment de l'Etat, et presque toujours en opposition avec l'Etat; ce qui mène droit à cette proposition, qui ruine votre système, que la liberté se suffit à elle-même, et n'a pas besoin de l'Etat.

Elle contredit, enfin, votre théorie, les tendances manifestes de la civilisation; puisqu'au lieu d'ajouter sans cesse à la liberté et la dignité individuelle, en faisant, suivant le précepte de Kant, de chaque âme humaine un exemplaire de l'humanité tout entière, une facette de l'âme collective, vous subordonnez la personne privée à la personne publique, vous soumettez l'individu au groupe, vous absorbez le citoyen dans l'Etat.

C'est à vous de lever, par un principe supérieur à la liberté et à l'Etat, toutes ces contradictions. Pour nous, qui nions purement et simplement l'Etat; qui, suivant résolument la ligne de la liberté, restons fidèles à la pratique révolutionnaire, nous n'avons point à vous démontrer la fausseté de votre hypothèse, nous attendons vos preuves. L'*Etat-maître* est perdu, vous en convenez avec nous : quant à l'*Etat-serviteur*, nous ne savons ce que ce peut être ; nous nous en défions comme d'une souveraine hypocrisie. L'*Etat-serviteur* nous semble tout à fait être la même chose qu'une servante-maîtresse : nous n'en voulons pas; nous préférons, jusqu'à nouvel ordre, épouser en légitime mariage la Liberté. Expliquez donc, s'il vous est possible, comment, après avoir démoli l'Etat par amour pour cette Liberté adorée, nous devons maintenant, par l'effet du même amour, revenir à l'Etat? Jusqu'à ce que vous ayez résolu ce problème, nous continuerons de protester contre tout gouvernement, toute autorité, tout pouvoir; nous maintiendrons, envers et contre tous, la prérogative libérale. Nous vous dirons : La liberté est, pour nous, chose acquise ; or, vous savez la règle de droit, *Melior est conditio possidentis*. Produisez vos titres à la réorganisation du gouvernement ; sinon, pas de gouvernement !

Résumons.

L'Etat est la constitution *extérieure* de la puissance sociale.

Cette constitution suppose, en principe, que la société est un être de raison dépourvu de spontanéité, de providence, d'unité, et qui a besoin, pour agir, d'être fictivement représentée par un ou plusieurs mandataires électifs ou héréditaires : hypothèse dont le développement économique des sociétés et l'organisation du suffrage universel concourent également à démontrer la fausseté.

La constitution de l'État suppose en outre, quant à son objet, que l'antagonisme ou l'état de guerre est la condition essentielle et indélébile de l'humanité, condition qui nécessite, entre les *faibles* et les *forts*, l'intervention d'une force coërcitive, qui mette fin aux combats par une oppression générale. Nous soutenons qu'à cet égard, la mission de l'Etat est finie ; que, par la division du travail, la solidarité industrielle, le goût du bien-être, la répartition égale du capital et de l'impôt : la liberté et la justice obtiennent de plus sûres garanties que toutes celles que leur offraient jadis la religion et l'Etat.

Quant à une transformation utilitaire de l'Etat, nous la considérons comme une utopie que contredisent à la fois , et la tradition gouvernementale, et la tendance révolutionnaire, et l'esprit des réformes économiques désormais admises. Dans tous les cas, nous disons qu'à la Liberté seule appartiendrait de réorganiser le pouvoir, ce qui équivaut aujourd'hui à une exclusion complète du pouvoir.

En résultat, ou point de révolution sociale, ou plus de gouvernement : telle est, sur le problème politique, notre solution.

A présent, deux mots d'explication de l'Ecrivain aux citoyens Louis Blanc et Pierre Leroux.

A Louis Blanc :

Vous vous plaignez que, depuis longtemps, vous êtes en butte à un système d'attaque de ma part; vous dites qu'il vous a toujours répugné d'y répondre, parce que vous ne vouliez point donner à la contre-révolution le spectacle de nos dissentimens. Vous me permettrez de vous savoir peu de gré de cette modération feinte, qui n'est qu'une manière détournée de me signaler à l'animadversion des démocrates. Il faut que les questions soient mises à l'étude, et non pas dissimulées pour l'agrément des chefs d'école : La Révolution ne s'accommode point de ces complaisances réciproques. Si vous avez supposé un seul instant que je tairais ou dissimulerais rien de ce qui, dans vos livres, me paraît faux et dangereux, vous ne m'avez pas rendu justice ; vous vous êtes trompé.

Je n'ai jamais calomnié vos intentions ; j'ai souvent fait valoir l'honneur, bien rare, que vous avez eu de poser le premier, d'une manière officielle, la question sociale. C'est une gloire qu'on ne peut vous ravir ; pour ma part, j'y songe moins que personne. J'ai, de plus, appelé l'attention sur votre théorie, que je connais, soyez-en sûr, mieux que vous; non certes que je l'approuvasse, mais parce qu'elle exprime un des côtés du développement humanitaire, le côté communiste et gouvernemental, qui est celui que je combats.

Aussi, sans m'occuper de votre personne, vous ai-je toujours considéré comme l'expression la moins déguisée de l'absolutisme, et, à ce titre, comme l'un des hommes les plus dangereux pour la Révolution. J'ai cru, en faisant la critique de vos idées, remplir un devoir : je regrette que vous n'ayez pas su le comprendre. Je suis, à vos yeux, le *théoricien de la tyrannie par le chaos*, pour emprunter votre style : Je viens de vous dire ce que j'entends par *anarchie* et abolition de l'Etat ; je l'avais déjà suffisamment fait entendre dans divers opuscules, et, tout récemment, dans le manifeste de la *Voix du Peuple*. Vous n'avez besoin que d'ouvrir les yeux, pour voir qu'il y a loin de ces idées à celles de *tyrannie* et de *chaos*. Il vous a plu, pour le besoin de votre popularité et la satisfaction de votre amour-propre, de travestir et dissimuler mes sentimens. Vous me devez de rétablir la vérité sur ce point, et de rétracter vos paroles : je l'exige.

Vous insinuez, toujours pour le besoin de votre popularité et afin d'attirer sur moi la haine de la Démocratie, que je continue les thermidoriens, auteurs de la mort de Robespierre, et vous me prêtez des intentions de guillotine à l'égard de vous et de tous ceux qui, avec vous, continuent les jacobins. Vous êtes littérateur : vous devez savoir, mieux que personne, que, malgré la véhémence du discours, la violence est ce qu'il y a de plus étranger à l'âme de l'homme de lettres. Ici encore vous me devez réparation ; et, pour qu'elle coûte moins à votre orgueil, je vais vous donner l'exemple de la franchise.

Il est vrai, j'apprécie autrement que vous le rôle et l'œuvre de Robespierre ; je pense, avec beaucoup d'autres. que Robespierre fut, avant Bonaparte, l'homme fatal qui, après l'avoir énergiquement servie, perdit la République. M. Royer-Collard disait un jour à M. Odilon Barrot : Je vous connais, vous êtes Pétion. Eh bien, je vous connais aussi, citoyen Louis Blanc, vous êtes Robespierre. Vous avez le même amour de la parole, les mêmes inclinations dictatoriales, le même talent d'agitation, les mêmes pensées rétrospectives, les mêmes allures réactionnaires, et, s'il faut vous dire tout, la même nullité d'idées, la même incapacité politique. Et, admirez l'étonnante analogie des temps : vous avez encore, dans Pierre Leroux, votre dom Gerle, et je m'assure que les Catherine Théo ne vous manqueront pas. S'ensuit-il, parce que je tire ainsi votre horoscope, que je sois moi-même un Girondin ? Vous seul pourriez le prétendre. Loin de là, j'accuse précisément Robespierre d'avoir perdu la République en précipitant, par le dégoût de sa mesquine personne et l'intolérance de son fanatisme, la chute de la Montagne et la défaite des Jacobins.

La France, bourgeoise par ses habitudes et ses institutions, est montagnarde par tempérament : elle préfère, en Révolution, les coups de main, aux transitions méthodiques : c'est après avoir fait montre de force qu'elle consent à revenir aux idées. C'est pour cela que nos aspirations à la liberté ont été presque toujours déçues : 1799, 1814, 1830 et 1848 sont là qui l'attestent. A chacune de ces époques, le pays a fait effort pour se délivrer d'un pouvoir corrupteur ou tyrannique ; mais, les idées n'étant point à la hauteur des circonstances, le pays est retombé de nouveau dans l'oppression.

D'après cette disposition de notre chère et malheureuse patrie, et vu la rapidité des événemens, mes prévisions, très impartiales comme vous allez juger, sont que la République démocratique et sociale s'établira sous l'influence des idées dont vous êtes l'organe le plus marquant; et qu'un jour, bientôt peut-être, vous occuperez ce poste éminent que vous ambitionnez dans l'Etat. Il faut que le carnaval démagogique, prédit par moi, s'accomplisse. Les événemens allant plus vite que les idées, votre théorie de l'Etat, toute d'imagination, étant plus facilement saisie que la théorie scientifique de la Liberté, il me paraît presque inévitable que nous échappions à l'expérience des théories du Luxembourg. Mais, je vous le prédis à l'avance : vous ne gouvernerez point comme vous l'imaginez, ni vous, ni personne. L'ouvrier, quelque faveur qu'il montre pour vos idées, ne vous laissera pas, cette fois, l'initiative ; il entend gouverner lui-même ; vous serez l'instrument d'une multitude désorganisée, et vous aurez compromis, pour la seconde fois, la Révolution de Février, en agitant sans cesse, au lieu de l'idée, la passion révolutionnaire.

C'est pour cela que moi, républicain, contre qui vous semez la méfiance et la haine, je tâche dès aujourd'hui de conjurer le péril, en jetant à travers le monde quelques idées positives, qui puissent un jour raccorder la Démocratie et servir de lest à votre déplorable faconde. Car, malgré l'impopularité à laquelle je m'expose en combattant votre triste influence, je sais pertinemment que mes idées ne sont point perdues,

Un des vôtres ne me disait-il pas un jour : *Nous ferons du crédit gratuit sans vous, malgré vous, et contre vous?* Et n'est-ce pas ce que vous faites déjà vous-même, quand vous venez coudre la théorie du crédit gratuit à votre théorie de l'Etat?

Vous osez dire encore qu'après avoir flétri le pouvoir dans Robespierre, je l'exalte dans Louis-Philippe; qu'après avoir craché sur l'échafaud du jacobin, je m'agenouille devant le fumier où s'enfonça le monarque.

S'il me restait la moindre sensibilité pour des calomnies de cette espèce, je n'irais pas loin chercher ma réponse. Je vous appliquerais le *mentiris impudentissimè* de Pascal, et vous laisserais là. Mais je veux traiter avec plus d'égards le président de ces pauvres délégués du Luxembourg, qui recueillent si précieusement vos discours et vous admirent si naïvement. Obligez-moi donc de leur dire, puisqu'ils vous croient sur parole, et qu'ils ne me lisent pas, que ce que vous en faites vis-à-vis de moi est plaisanterie pure, à seule fin de me signaler à la vindicte patriotique, au cas où le néo-jacobinisme triomphant ferait une fournée de *réacs* et d'*aristos*. N'est-il pas réactionnaire, en effet, celui qui ose rire de votre prétendue *Organisation du travail?* N'est-il pas aristocrate, celui qui se permet une opinion en dehors de la commune profession de foi?

A Pierre Leroux :

Mon cher théosophe,

Vos trois articles contiennent en substance que je suis un orgueilleux, un éclectique, un

libéral, un sophiste, un voltairien, un fourié-
riste, un malthusien, un égoïste, un athée, un
Erostrate, un bourgeois, un propriétaire, ce qui
ne vous empêche pas de m'appeler votre ami,
et de me dire, *mon cher Proudhon* ; — que j'ai
pillé, sans en rien dire, Kant, Hégel, Feuer-
bach, Fourier, et vous-même ; mais que si j'ai
pris quelques-unes de vos idées, ç'a été à mauvaise intention, et uniquement pour renverser
votre *Doctrine* ; qu'après avoir critiqué Louis
Blanc, Considerant, Cabet et autres, dont vous
vous souciez, *in petto*, comme de moi, j'ai eu
l'audace extrême de m'attaquer à vous, le
vainqueur de M. Cousin et de l'éclectisme; que
je vous ai appelé *théologastre*, tandis que vous
êtes bien et dûment le théologal du Socialisme;
bref, que je ne suis pas républicain.

Vous avez mis quinze colonnes de la *République* à me défiler ce chapelet. Je vous le demande : Qu'est-ce que tout cela prouve? Quel
argument pour vos lecteurs, que cette kyrielle
d'épithètes injurieuses, à l'usage des papelards
de la démocratie sociale? Et que vous importe,
à vous, grand théomantien, grand théomime,
pour ne pas dire théomane, dont je n'avais rien
dit, que Louis Blanc et les autres, qui ont si
bien travaillé après Février, aient été par moi
confessés d'office, attendu qu'ils refusent de
parler?

La question que vous aviez à résoudre était
pourtant bien simple, et je l'avais posée en termes précis.

Qu'est-ce que Dieu? me demandais-je. Et je
répondais après Kant, après tous les philosophes, après vous-même : *On ne sait pas.*

Qu'est-ce que le gouvervement?—On ne sait pas.

Et j'ajoutais, par forme de commentaire : M'est avis qu'en nous occupant davantage de ces questions, nous avons l'air d'astrologues cherchant l'avenir dans les astres.

Vous n'aviez donc qu'une chose à faire ; c'était de me montrer, empiriquement ou par formule dialectique, ce que c'est que Dieu, ce que c'est que le gouvernement. Vous aviez là une belle occasion de produire votre Doctrine! Au lieu de cela, vous vous enflammez, vous déclamez ; vous me traitez de sacrilége, de malthusien, de *pas républicain !* Finalement, vous me menacez de me traiter comme vous avez fait l'éclectisme, cette grande porte ouverte de la philosophie moderne, que vous avez eu la gloire d'enfoncer tout seul. Qu'avez-vous donc ? Quel taon vous pique? A quelle hypocondrie êtes-vous en proie? Je soupçonne, si vous n'êtes fou, quelque excitation de la police, quelque coup de Carlier, comme dit élégamment M. de Larochejaquelein. Prenez garde : nous sommes entourés de mouchards, qui ne songent qu'à nous faire dire, quand ils ne nous font pas faire, des sottises.

Voulez-vous que je vous dise ce que je pense?

Au fond, vous n'avez sur Dieu, la religion, la propriété, le gouvernement, l'association, pas d'autres idées que celles que je m'efforce de tirer au clair, tandis que vous les embrouillez de triade, de *circulus*, de métempsycose et de toutes sortes d'illuminations métaphysiques et érotiques. C'est pour cela que vous vous déclarez mon adversaire : il vous fâche de me voir semer vos idées, comme du sable, sur la place publique.

Dieu, c'est vous qui le dites, ne se prouve pas, ne s'explique point. — Et que dis-je autre chose?

La religion, selon vous encore, c'est la Démocratie sociale. — J'accepte, sous bénéfice d'inventaire, cette définition. J'abandonnais le mot avec la chose; vous, en abandonnant la chose, vous reniez le mot. Rien de plus aisé que de nous entendre.

La propriété, c'est toujours vous que je cite, *est le droit qu'a tout homme de se développer sous le triple rapport physique, moral et intellectuel.* — Ainsi définie, qui serait assez insensé pour nier la propriété? J'abonde dans votre sens : j'avais cru seulement, sur la foi de légistes, que la propriété était autre chose.

Après vous être ainsi expliqué sur Dieu, la religion et la propriété, vous vous déclarez partisan du CRÉDIT GRATUIT, dont vous revendiquez même l'idée première. Seulement, vous prétendez que la *Banque du Peuple* n'est rien qu'une absurdité, exclusivement de mon invention. Cela prouve du moins que, d'accord sur le principe et la théorie, nous différons seulement sur l'application. Mais que dirait le public, s'il apprenait que la cause du blâme que vous déversez sur la Banque du Peuple vient uniquement de ce que j'en avais banni, malgré vous, toute espèce de triade? Vous vouliez d'abord, dans la Banque du Peuple, TROIS divisions: Production, Consommation et Circulation. Puis, vous distinguiez TROIS espèces de crédit; puis, vous établissiez TROIS caisses. Tout était par *trois*, multiples et sous-multiples de *trois*. Je vous répondis que vous n'entendiez rien à la tenue des livres, et les conférences finirent là. Combien je regrette de ne les avoir pas publiées? Nous direz-vous une fois, métaphysicien de la Trimourti, pourquoi une marmite n'a que trois pieds, tandis qu'il y a quatre roues à un charriot?

En parfaite communauté d'idées sur le capital et l'intérêt du capital, nous le sommes encore sur le gouvernement. Vous niez, ainsi que moi, le gouvernement de l'homme par l'homme. Vous avez dit le premier que, dans la République, chaque citoyen devait être *son prêtre et son empereur*. Vous allez jusqu'à me reprocher de vous avoir volé l'idée. Pardon! je ne savais pas qu'elle fût vôtre; et quand je l'aurais su, je n'aurais pas cru qu'elle perdît quelque chose à passer par ma bouche: j'ai plus que vous la réputation de savoir ce que je dis.

Mais qui donc a pu vous mettre en l'esprit que la double formule : *abolition de l'exploitation de l'homme par l'homme*, et *abolition du gouvernement de l'homme par l'homme*, que nous affirmons, vous et moi, était de ma part une traîtreuse antinomie, tandis que chez vous, c'est simplement une déduction? Que si j'affirmais en même temps ces deux propositions, c'était afin de les ruiner l'une par l'autre, et d'éterniser ainsi tout à la fois, et l'exploitation de l'homme par l'homme, et le gouvernement de l'homme par l'homme? Comment avez-vous pu me prêter cette méchanceté antinomique, lorsque je ne cesse de répéter, d'un bout à l'autre de mes *Confessions*, que les deux formules sont identiques et adéquates, qu'elles dérivent du même principe, et se servent réciproquement de corollaire. Et c'est là-dessus que vous vous fondez pour crier du haut des toits que je ne suis pas républicain ! Encore une fois, est-ce folie, ou calomnie ?

Oui, oui, oui, — faut-il que je vous le corne aux oreilles ! — je nie tout à la fois, collectivement, identiquement et synthétiquement, et l'exploitation de l'homme par l'homme, et le gouvernement de l'homme par l'homme, et, ce que vous avez grand tort d'oublier, cher Théopompe, l'adoration de l'homme par l'homme. En le niant, je ne fais, je vous le jure, ni antinomie ni antithèse; je ne songe nullement à démolir votre *Doctrine* ; je ne sais pas même si vous avez une doctrine. Où donc aurais-je appris que vous avez une doctrine? ce n'est pas dans vos livres.

La conformité de nos sentimens en matière de religion, de gouvernement, de crédit et de propriété, ainsi constatée, et par vos paroles, et par cette âpre revendication d'idées, dont, à ce qu'il paraît, vous seriez le père, tandis que je n'en serais que l'accoucheur; n'est-ce point une honte à vous de venir subitement, avec éclat, avec scandale, prendre la défense de la religion, qui vous repousse ; du gouvernement, qui vous répudie ; de la propriété, qui vous abhorre? Quelle est donc cette croisade, dont vous êtes maintenant le Pierre l'Ermite, en faveur de la religion, du gouvernement, de la propriété? Qu'attaquez-vous? Que défendez-vous? A qui, à quoi en avez-vous? Que signifie ce torrent de divagations pédantesques, où, tout ce que l'on découvre de plus clair, c'est que l'idée du siècle, l'idée immortelle, sous l'invocation de laquelle j'ai placé très humblement ma brochure, cette idée, c'est la vôtre? Ne pouviez-vous dire à vos lecteurs, simplement, et sans m'appeler malthusien, Erostrate, propriétaire, etc. : Citoyens, Celui qui a résolu le problème du prolétariat, Celui qui seul a le droit de lever la main au ciel, et de dire : *Mon idée est immortelle !* cet homme-là, ce n'est pas Proudhon, c'est PIERRE LEROUX ! c'est MOI !

Ecoutez-moi, cher Théoglosse. Je vous fais grâce, pour aujourd'hui, de toutes les folies et absurdités que vous avez à pleine bouche répandues dans vos trois diatribes ; je vous ferais trop souffrir si je les relevais. Mais, je vous en préviens, je n'aime point cette façon jésuitique d'égorgiller un homme en l'embrassant. Je préfère mille fois la haine avouée, cordiale, de Louis Blanc, à votre fausse bonhomie. Vous pouvez qualifier mes idées, c'est votre droit ; mais je vous défends de qualifier mes intentions : sinon, je vous qualifierai vous-même ; je vous marquerai si avant et si brûlant, qu'il en sera fait mémoire dans les générations futures. Ce sera, pour vous, un moyen d'arriver à la postérité, plus sûr que la Triade, le *Circulus* et la Doctrine.

P.-J. PROUDHON

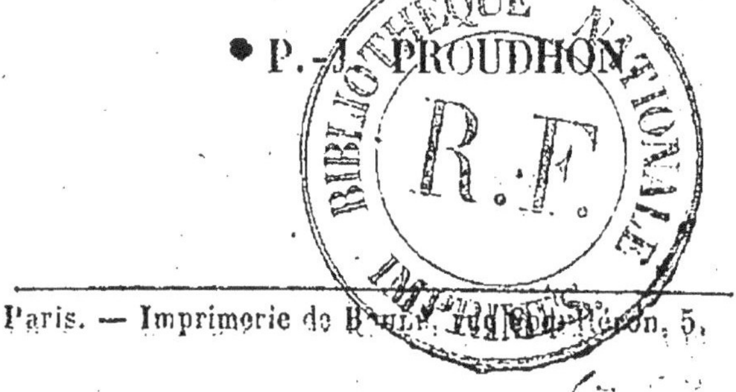